내 마음의 실루엣

김명숙 시집

문학의전당 시인선
358

내 마음의 실루엣

김명숙 시집

문학의전당

시인의 말

꽃은 피고 진다.

바람 불고
불온한 나날들

나의 봄은 여전히 오리무중이다.

11년 만의 결실,
떨리는 두 손 모은다.

2022년 12월
김명숙

차례   시인의 말

제1부

연의 노래   13
밤의 눈   14
도편수(都片手)   16
풀벌레 소리   17
내 마음의 실루엣   18
봄의 바다   20
독도의 품   21
대나무   22
어라비안나이트   24
갯메꽃   25
내비게이션, 그녀   26
꽃의 기도   28
청보리밭   29
바람개비   30

제2부

꽃살문 33
녹색 물감을 입히다 34
아리랑 36
그 바다 이야기 39
이상 시인의 집에서 40
시인의 무덤 41
그해 5월, 나는 광주에 없었다 42
안부 44
다시, 5월 45
독도에 닿는 법 46
숨비소리 48
농다리 49
오십 대 50
코스모스 길 52

제3부

억새 55

코스프레 56

돌탑 58

정자 엄마의 사냥 60

꽃들의 향방 61

시산도(詩山島) 62

고흥 유자차를 마시며 64

둘째 고모 66

고흥 사람 68

독도에서 듣다 69

보리밭 70

10월, 어느 날에 72

고흥 74

버들강아지 76

제4부

화살	79
고(故) 이기형 시인을 추모하며	80
어머니의 봄	82
누름돌	83
엄마 바지	84
목욕재계	86
텃밭	87
고강동 이야기	88
고리울 고강동	90
우리 동네	92
9월	93
코스모스	94
가을	95
동백꽃	96
해설 | 꽃과 바다와 사회·정치적 상상력 공광규(시인)	97

제1부

연의 노래

내 우주는 작은 연못이었다

물이랑이 심할수록
바깥을 향한 마음이 깊어질수록
땅속 깊이깊이 파고들었다

단 한 번도 곁눈질하지 않았다
그리운 마음만을 지키기 위해
비우고 또 비워냈다

비가 다녀간 오후
소란에 눈 뜨니
연못 곳곳에 내 사랑이 꽃피고 있었다
나의 노래가 연못 밖으로 번져가고 있었다

밤의 눈

그날 밤은 달빛도 숨을 죽였다
찰싹이는 파도만 간간히 귀청을 때리고 갔다
먼 곳의 낙지잡이 배인지
장어잡이 배인지
호롱불 같은 등불만 깜박이고 있었다

말없이 선창가에 앉아 술을 마셨다
누구랄 것도 없이 그날 밤은
말이 필요하지 않다는 것을 알고 있었다

꼴깍이며 넘어가는 소주 한 모금마저
미안하다는 듯 호흡을 낮췄다
너무 고요하면 주위의 것들도 덩달아
침잠한다는 것을 그때 알았다

어둠은 얼굴을 가린 채 제자리를 고수했고
우리는 말없이 하나가 되었다

하늘엔 별이 총총,
은하계의 은하란 모두 이곳에 모여 있는 것 같았다
하현달이 거금도를 넘어가기 전이었다

별들이 아침을 불러오기 직전,
우리 중 제일 연장자인 이 씨가 말을 꺼냈다
무음이었다

짭조름한 갯내음이 훌륭한 안줏거리가 되어준 밤
이상하게도 우리는 그의 말을 알아들을 수 있었다
어둠이 우리에게 들려주는 전언이었다

도편수(都片手)

삶은 그리 녹록치 않았다
거역할 수 없는 삶의 무게가 억눌려 와도
그는 결코 비굴하지도 나뒹굴지도 않았다
준비되지 못한 삶이라 해도 버릴 수는 없는 것
역발상을 즐기는 그를 위해
나무들은 기꺼이 먹칼에 제 몸 내어주며
여의주를 문 용이 되어주고
한옥, 대웅전이 되어주었으며
둥글게 말아 올린 대팻밥으로 날아가기도 했다
나무 냄새를 좋아한 그는
개미핥기처럼 킁킁 냄새를 맡아가며
뒤틀린 삶의 처마마다 단단하게 서까래를 올려
지나가는 바람 한 점에도 틈을 내어주지 않았다
그리하여 살아남기 위해 잡은 먹칼이
뚱땅거리며 기둥을 세우고 집을 세울 때마다
그에게 밥을 공양해 주었으며
당당하게 나무 냄새를 맡을 수 있게 했다

풀벌레 소리

보름날 저녁 달빛이
페가수스 별자리를 데리고 내려앉은 마당
가을이 깊어 가는지 풀벌레 소리 가득합니다
풀벌레들은 달빛이 버무린 별들의 말을 읽어줍니다
말갛게 피어나는 달맞이꽃을 읽어줍니다
마치 크리스털 연주음 같습니다
그리움을 노래하는 게
어디 하룻밤만의 일이겠습니까
풀벌레의 이야기가 두런거리는 마당에 서니
어머니 생각 더욱 깊어집니다
그 뙤약볕 그리움은 몇 날 며칠을 소리 내어 읽어도
다 못 읽을 대하소설입니다
책장 넘기듯 한 시각 한 시각 넘기며 뒤척이다
가슴으로 부르는 저들의 노래를 덮고 잠이 듭니다

내 마음의 실루엣
― 지팡이

소리로 가득한 거리를
두더지 게임하듯
두드리며 걸어가고 있어

비 오는 날이면
소리는 다듬어지지 않는 합주곡으로 튀어 올라
나는 허공을 더듬게 되지

빛과 그림자는 내게 사치일 뿐
소리의 발자국을 따라가다 보면
때론 파열음을 만나기도 해

이럴 때 엉뚱한 생각의 파장은
날아오르는 한 마리 새가 되었다가
먹이를 향해 내리꽂는 날쌘 매가 되기도 해

생기발랄한 나의 사고(思考)는
눈에 보이지 않는 너머까지 손을 흔들게 하지

세상은 별일 없다는 듯 흘러가는데
홀로 고독한 나는
그들이 닿지 못할 손길 밖에서
소리의 걸음만 천천히 따라가고 있어

누구 하나 손 잡아주지 않는 거리를
비에 젖으며, 허방 짚어가며 걸을 때
사람들은 총총히 네온 불빛 비추는 건물 사이로
빨려들어 가듯 사라져 가고

느린 걸음의 실루엣 하나,
절뚝이며 빗속으로 사라져 가고 있어

봄의 바다
— 원미산 진달래

온통 분홍이다

봄의 바다에
고기들이 노닌다

한 마리,
두 마리,
떼 지어 펄떡 펄떡 산을 오른다

겨드랑이에
지느러미가 쑥쑥 돋은 사람들
분홍 물살 가르며 쉼 없이 오른다

봄나들이 나온 물고기들의 수다가
파고(波高)로 드높다 꽃 속에 묻힌다

정상에 서서 그물을 던지면
필시 만선이겠다

독도의 품

하늘도 푸르렀다
바람도 잠잠했다
옹기종기 모여 있는
내 형제가 우릴 반겼다

왜 이제야 왔느냐고 묻지도 따지지도 않았다
그저 잊지 않고 와주어 고맙다는 듯,
발아래 반짝이는 윤슬의 융단을 깔고
부드러운 손길과 미소로
우릴 반겨 맞아 주었다

단지, 검푸른 파도만이 찰싹 찰싹
내 귀를 때리고 있었다

아팠다, 미안했다
두 손 불끈 쥐었다

대나무

직선으로 곧은 것이
촘촘하게 허리를 세웠다

흰 눈발이 대숲에 날려
우 우 바람 소리 거센 날엔
서로 휘청대면서도 넘어지지 않는다

대숲의 푸른 틈 사이로 바람과 햇볕이 드나든다
빼곡한 틈새지만 날은 세우지 않는다
다만 서로의 중심을 지키기 위해
더 깊숙이 뿌리내린다

밝은 허공,
의지할 것은 서로의 균형뿐
어깨와 어깨를 맞대고 있다

바람이 분다
사납게 얽히고설켜도 함께 가야 하는 길,

대나무처럼 그만큼의 거리에서 서로 바라본다면

가지 사이로
폴폴 날아다니는 새들의 비상이
우리의 것이 될 수 있으리

어라비안나이트

닫혀라 주근깨!
막 바위 문을 열고 나온 그녀가 주문을 외운다

섹시하거나 요염하지 않아도
시선을 확, 잡아끌고 싶은 그녀

화사한 옷맵시와 떨잠 머리로 치장한
보일 듯 말 듯 가느다란 저 다리

저 바위 문 속에는
얼마나 많은 여인들이 갇혀 있을까
또 얼마나 많은 꽃들이 시들었을까

닫혀라 주근깨
어라비안나이트, 전설 속의 붉은 꽃이
그녀의 얼굴에서 활짝 피어난다

갯메꽃

해가 뜨고 지는 날들이
전광판의 광고처럼 삽시간에 흘러가 버렸죠
나를 잡아 흔드는 소리에
아득해지는 정신을 바로잡아야 했어요
나를 부수고 깨어나는 일, 쉬운 일만은 아니죠
하나의 선택을 위해선
또 다른 하나를 저버려야 한다는 것
그러기 위해선 깊은 수렁의 연처럼
나를 더욱 더 침잠시켜야만 한다는 것을 알게 되었죠
한 알의 밀알이 떨어져
간간히 어루만져 주고 가는 바람의 중얼거림에
조금씩 힘을 내며
안개비가 해안선에 흰 발 내딛어 가듯
한 뼘 한 뼘 해안을 향해 덩굴손을 뻗어갔어요
멀리서 구름을 타고 안개비가 내리는 듯해요
푸르고 깊고 청량한 소리가 귓전에 들려와요
어느덧 내 몸에 분홍 나팔귀가 돋아났어요
바다의 소리가 조금씩 들리기 시작해요

내비게이션, 그녀

그이는 그녀의 착한 정부(情夫),
그녀가 뭐라고 하든
무조건 콜!
콜! 이다

한번 올라타면 바뀌지 않는 체위로
그가 그녀 앞에서
변강쇠가 되는 길은 아주 쉽다

마누라완 은밀한 밤을 만족 못해도
그녀와의 드라이브는 마냥 즐겁고

마누라의 잔소리엔 눈살 찌푸려져도
그녀의 재잘대는 목소리는 그저 사랑스럽다

머리끄덩이를 잡고 패대기를 치지 그래
따귀를 얼얼하게 올려붙이지 그래

온갖 추측만 난무할 뿐
실마리는 오리무중
내비게이션, 그녀!
오늘도 그이와 벌건 대낮에 통정을 나눈다

꽃의 기도

그대가 나를
꽃으로 여길 땐
나는 어여쁜 꽃이 되었소

그러나
그대의 마음이 멀어지자
향기도 뿌리도 잃게 되었소

바라노니
그대가 정녕 꽃을 사랑한다면

물도 주지 말고
화병에 꽂지도 말고
꽃 속으로 뛰어들어
심장을 훔쳐 주오

청보리밭

 봄날의 청보리밭은 여학교 교실 안이다 새로 부임한 총각 선생님이 오시는 날이면 학교는 푸른 물결로 일렁거린다 복도를 지나다니며 선생님을 마주칠까 기웃 기웃대고, 함께 몰려다니며 까르륵 까르륵 여학생들처럼 청보리들은 바람에 넘실댄다

 혹여 선생님과 마주치면 좋아하는 마음 들킬세라 두근대는 마음 애써 누르며 아닌 척, 눈 돌리는 봄 햇살에 쑥쑥 자라나는 그녀들 바람에 가랑잎만 굴러가도 까르륵 까르륵 그 맑디맑은 심성 위로, 하늘은 드높고 새는 더 높이 날아올라 노래한다

 꿈은 높을수록 좋다,
 허리통 드러내고 바람에 나붓대도 밉지 않은 철없는 4월의 처녀들아

바람개비

무지개는 어디 있나
빙글
빙글빙글

바람을 맞아야만 산다고
밤낮 없이 언덕 위에 서 있었다

멈추면 끝이라고
끝없이 돌아야만 한다고
푯대 위에서도 멈추지 않은 춤사위였다

바람에 떠밀려 돌고 돌다
한 생애 저물고 보니
비로소 보이는 무지개 색
빨주노초파남보

등잔 밑이 어두웠다

제2부

꽃살문

바람 한 점이
내소사 뜰 앞의 정적을 깨운다
문살에 깊숙이 박혀
연꽃을 피워낸
꽃살문이 된 연꽃들
시간의 흔적이다
비바람에 생채기 무성하던 날
스님의 불경 소리에 문 속으로 뛰어들었던 걸까
문살에서 제 몸 꽃피우기 전까지
쉽사리 놓진 못했으리라
녹색 물이 번지던 그때를
시간과 함께 되살아난 흔적들
산사의 여백을 채운다

녹색 물감을 입히다

5월의 숲에 들면
푸른 화음의 변주곡이 들린다
바람의 지휘에 맞추어 분주해지는 숲속엔
나무와 숨바꼭질하는 다람쥐와 청설모
새들의 화음이 통통 현을 켠다

5월의 숲을 들이면
닫힌 마음도 금세 열려
어두웠던 마음이 한 꺼풀 옷을 벗고
숲 밖으로 걸어 나온다

한 뼘, 한 뼘씩
푸름의 간격을 넓혀가는 숲속에 서면
까짓 것,
세상에 이해 못할 것 뭐 있겠냐며
홀쭉했던 배가 둥글게 부풀어 오른다

깊은 녹색으로 물들어 하산하는 길,

나뭇가지 사이로 내리쬐는 햇살보다
더욱 환해진 마음이 산을 내려간다

아리랑

　노래는 오래가지 않아 가파른 산 하나를 삼켰다
　저녁의 등이 어스름해질 때까지 산 하나를 불룩하게 삼킨 사나이는
　하루의 일과를 산에 묻고 내려오곤 했다

　동백만 탓하던 아낙은 정선 아우라지 뗏목의 옆구리까지 노를 저어
　아리랑을 부르며 산 넘고 강 건너 백두대간을 넘어갔다
　닭 쫓던 개 지붕 처다보듯 무성한 산만 탓하던
　그의 나날은 고장 난 시계추같이 멎어버렸다

　가랑이 사이로 빠져나간 노랫가락을 찾아 나선 사나이
　정선과 백두대간을 넘어
　아랫녘으로 아랫녘으로 내달았다

　잡힐 듯 잡힐 듯 목젖을 빠져나가는 노랫가락은
　곡조만큼이나 그의 애간장을 타게 했다

풍문은 원래 배불뚝이보다 더한 것
덤에 덤을 얹으면 산이 되고 들이 되고
내[川]를 이루고 강이 되어 돌아오는 것

아라리 한 소절 넘기는 게
섣달 열흘 묵은 체기만큼이나 어려워진 그로서는
기러기 부른 어둔 방의 등불인 그녀의 아늑함이 필요했다

한 번 깨진 그릇은 다시 맞추기가
바지랑대로 하늘재기만큼 어렵다는 것을 아는 그는
턱 떨어진 개 지리산 쳐다보는 짓을 그만두기로 했다
팔도를 무른 메주 밟듯
한 가랑이에 두 다리 넣듯
찾아 헤맨 산 넘어 산을 이제 잊기로 했다

처녀가 불알 만질 일이 없다고 했던가
바람 부는 날 가루 팔러 가듯
앞날이 호두 속 같기만 하던

그에게도 호박이 넝쿨째 굴러왔다

물 본 기러기, 어항에 금붕어 놀듯 하니
더 이상 산등성이를 넘지 못한 아리랑 곡조는
토방 아래서 늘어지게 낮잠만 잤다

그 바다 이야기
— 세월호

우리는 무얼 위해 살아갈까
세상은 누굴 위해 종을 울리나

슬프고도 아픈 그날 바다 이야기
별이 된 아이들의 슬픈 종소리

일렁이는 파도에 실려 그 이야기 사라진다면
흔적도 없이 잊힌다면
아, 4월은 거짓말같이
또다시 피다 만 꽃잎 후두둑 떨구리라

힘들고 괴로워도 우린 기억해야 돼
그 바다 이야기 마음에 새겨야 해
잊지 말자고, 그날의 소리

이상 시인의 집에서

서촌에 와서 이상 시인을 만난다

묻고, 답하고
답하고, 묻고
앉은 자리가 이야기 꽃자리이다

서촌에 가면
그는 가고 없지만

나팔꽃 줄기처럼 감고 올라가는
하늘과 지상의 이야기
언제든 귀 열고 들을 수 있다

시인의 무덤
— 임홍재 시인의 무덤을 찾아서

안성 장죽리, 마둔 저수지 옆에는
죽어서도 "울음 섞인 가락을 토해내며"*
"북망산 누우런 황토를"* 뒤집어쓰고
비스듬히 걸터앉아 아직도 오지 않는
"품 팔러 간 어머니"*를 기다리는 무덤이 있다
사람들은 그 묘지의 주인을 일러 시인이라고도 하고
가난이란 키워드로 부르기도 한다
시의 화살을 쏘아 시의 과녁은 관통했지만
가난은 꿰뚫지 못해 죽음과 맞바꾼 생애
가난의 손아귀에 발목 잡혀 힘든 것보다
가난 때문에 글 한 줄 못 쓸까 봐 고민했던
그를 위해 시(詩)는 밥이 되어주었던가
한 그릇의 밥보다 못한 시(詩)를 위해
그는 왜 절망하고 두려워했던가
詩여!
가난보다 무서운 암 덩어리 詩여!
그의 무덤 앞에 젯밥 한 그릇 놓고 가다오

―――――

*임홍재, 「산역」 중에서.

그해 5월, 나는 광주에 없었다

땅덩어리가 큰 것도 아니요
남북한 반 토막으로 나뉘어져 있는 나라에서
나는 그해 5월, 광주에 없었다
학업을 위해 어린 나이에
산업체 부설학교가 있는 마산에 있었다
광주에선 5·18 민주화운동이 일어나던 그 시각에
나는 기숙사 TV에서 나오는 가요
〈못 찾겠다 꾀꼬리〉를 흥겹게 따라 불렀고
언제나처럼 밀린 숙제를 했다
광주를 제외하곤 대체로 평화로웠고
민주화운동의 폭동 소식은 깜깜이었다
계엄군에 맞선 학생들과 시민들이 금남로에 나와
피투성이와 죽음으로 자유를 맞바꿀 때
나는 못 찾겠다 꾀꼬리 언제나 술래가 되어
기숙사 방에 기대앉아
얘들아, 만 자꾸 부르고 있었다
자유는 꽁꽁 숨어버려
보이지도 찾아지지도 않아

꿈 찾아 헤매는 술래가 되어 있었다
세상은 알 것도 같고
모를 것 같기도 한 안개 속
아직도 술래인 나는
못 찾겠다 꾀꼬리만 연속 부르는
숨바꼭질만 하고 있다

안부

봄꽃들이 꽃망울을 터트렸습니다
푸른 심지 다시 돋았습니다
따사롭게 건넬 안부의 눈빛은 건네지 않겠습니다
안부를 묻기에는 깊숙이 박혀 있는 상처가
다시 짐승처럼 고개를 쳐들까 봐 두려워
묘역 앞에 엎드려 우는 대신 차갑게 웃겠습니다
안온함을 뒤흔들었던 1980년 5월의 금남로
그날의 포성 소리, 외침 소리
다시 들리는 듯해서
머리털이 쭈뼛 서고 주먹 불끈 쥐어집니다
기다리지 않아도 봄 오듯이
그날, 그 자리의 당신들을 기억하겠습니다
안녕이란 말 대신
푸른 혈관 소문처럼 다시 흐르게 하겠습니다
지금은 따뜻한 이름들
마음속에 묻고
진달래 개화처럼 번질 민주화의 고지를 향해
앞장서 달려 나가 깃발을 꽂겠습니다

다시, 5월

그해 오월 금남로엔 문 밖의 문은 없었다
깻다발 털듯 무수히 쏟아져 나오는 인파 뒤로
쏟아져 내리는 건 매콤한 화약 연기와 총소리뿐
자유는 고갈된 생수처럼 문 밖엔 없었고
출구란 출구는 입구가 막혀 보이질 않았다
생채기 난 5월,
사라호 태풍보다 사나웠던 하수상한 계절은
이제 신화로만 덮기엔
나뭇잎처럼 스러져 간 젊은 그들의 외침이
더 이상 허락치를 않는다
다시 오지 않을 것 같은 봄은 또다시 오고
출구란 출구는 열려 있어 초록 꿈으로 넌출댄다
그날의 외침이 부메랑 되어 들려오지 않도록
두려움이 나를 밀어도 우린 깨어 있어야 한다

그대의 발 앞에 잠들지 않는 오월이 있다

독도에 닿는 법

내 머리에는 뿔이 달렸어
헤엄치다 보면
나의 블랙홀에 먹잇감이 포획되곤 하지
하루가 무료해지면 지그시 눈을 감고 바닷물에 몸을 맡겨
파도에 이리 저리 밀리고 밀리다 보면
어느새 나는 독도에 이르러 눈을 뜨지
비행청소년은 괜히 생기는 게 아니야
이성을 억누르지 못할 때 비행은 시작되는 거지
그럴 때 설왕설래가 우후죽순으로 자라곤 해
나도 비행청소년이 되고 싶어
허튼소리 하는 놈들을 이 뾰쪽한 뿔로 냅다 들이받고 싶어
나의 깊고도 둥그런 블랙홀에 빨아들여
몇 날 며칠을 되새김질해가며 잘근잘근 씹어 먹고 싶어
하지만 영양가 없는 말들로 내장을 채우고 싶진 않아
코도 풀지 않고 자기네 땅이라고 우겨대는 저들
종국엔 세종대왕도 저들의 왕이라고 우겨댈 게 뻔해
차라리 그 검고 흉악한 속내를
갈매기 먹이로나 던져줄래

비수같이 푸른 독도의 바닷물로
괭이갈매기의 부리를 닦게 할래

숨비소리

바람결에 들려오는 해녀들의 숨비소리
호오이 호오이 호이호이 호오이
끊어질 듯 이어지는 해녀들의 목숨 소리 숨비소리
깊고 푸른 제주 바다 제집인 양 들멍이며
호오이 호오이 호이호이 호오이
고단함 테왁에 의지하고 망사리 가득 채워오는
당신은 나의 어머니, 우리의 어머니
붉게 타는 저녁놀이 당신을 에워쌉니다

간간히 들려오는 해녀들의 숨비소리
호오이 호오이 호이호이 호오이
나지막이 들려오는 해녀들의 목숨 소리 숨비소리
생과 사 갈림길에 내뿜어서 올린 소리
호오이 호오이 호이호이 호오이
힘겨움 테왁에 의지하고 거친 파도 넘나드는
당신은 이곳의 어머니, 이 땅의 어머니
붉게 타는 저녁놀이 당신을 감싸줍니다

농다리

너는 건너편 그쪽에서
나는 맞은편 이쪽에서
긴 세월 서로 마주 보고 있구나

봄 오니
돌다리 아래로
여울 물 흐르고
가지마다 꽃등 환한데

너는 건너편 그쪽에서
나는 맞은편 이쪽에서

비바람과 안개 맞으며
범람하지 않는 물처럼
이탈하지 않는 돌처럼
그렇게 바라보고만 있구나

오십 대

누가 오십 대를 한물간 나이라 말했는가

통속적으로 불리는 뭍의 나이여
오늘만은 저기 저만큼 비켜 서 있거라
이 밤만큼은
누구의 아내, 누구의 엄마도 아닌
오로지 나이고 싶다

물결 위에서 부초처럼 휩쓸리다가
이곳 동해 넉넉한 울릉도 품에
돌아와 안겼으니

오늘 밤은
다시는 맞이하지 못할 밤인 것처럼
한 백년 살아봄 직할 예감으로
울릉도 넓은 품 안에서
저릿저릿한 초야의 밤을 보내다
해조곡을 들으며 아침을 맞이하고 싶다

그러다 한 사나흘 지나
뭍의 소식 궁금해질라 치면
다신 돌아가선 안 될 뭍인 양
귀 막고, 입 막아
울릉도와 한 몸 되리라

코스모스 길

연인들의 데이트 필수 코스였지
지금도 그러할까

손잡고 걷다 보면
연인의 얼굴이 꽃이 되고 노래가 되지

한 두어 송이 꺾어 건네주면
웃자란 마음처럼
생글거리는 연인의 웃음소리

환한 코스모스 길은
연인의 눈동자에 묻혀 빛을 잃지

서로 마주 보고 서면
그 길에서 함께 흔들리는
꽃이 되지

제3부

억새

꽃이라 부를까
새라고 불러줄까

꽃이라 부르기엔 향기가 없고
새라고 불러주기엔 날개가 없다

꽃이 되고파
새가 되고파
한갓진 길섶에 모둠발로 서 있는 너

한 송이 꽃이 되어
한 마리 새가 되어
오늘도 하늘 우러른다

코스프레

도서관에서 빌린 시집에서 낙서를 발견했다
심하다 싶을 만큼 곳곳에 남겨둔 흔적
내 의식이 그의 흔적을 쫓는다
꽁꽁 숨기려다 들켜버린 첫사랑처럼
그의 속내가 내게 읽히고 만다
시집 한 권을 앞에 두고
무언가 찾고, 밑줄 긋고, 적었다 함은
시집 안의 단어가, 어떤 문장이
그의 가슴을 꿰뚫어
마음을 적셨다는 것일 텐데
나는 그 흔적이 오히려 고맙기도 하고
한편으론 볼썽사나워
실꾸리 감아올리듯 지워나가는 것이다
일면식도 없는 그가 내게 터치를 하고 갔다
시의 눈을 떠 어서 밝히라고 으름장을 놓는다
상상은 가벼워서 어디든 날아갈 수 있어
그의 터치로 인해 내 시의 뿌리가 지그시 눌리어졌다
시간을 돌리면 그가 있던 자리

눈길이 닿은 자리, 그의 생각까지 읽어낼 것도 같아
그리하여 생각의 뿌리들이 점차 내게로 닿아
내 마음의 기둥에 줄을 잇대 쭉쭉 뿌리를 내리는 착각
일면식도 없는 누군가의 생각과 나의 생각이
시집 안에서 뛰어논다

돌탑

처음 놓인 디딤돌이나
맨 위에 놓인 작은 돌이나
차마 놓지 못한 기도가
탑이 되어 키를 높이고 있다

각각의 돌마다 사연은 달라도
하나씩 돌을 얹으며
축의 중심에 대해 배운다

돌 하나가 삐끗해 중심을 잃으면
모조리 무너져 내리는 탑

모난 부분과 홈이 파인 부분
큰 것과 작은 것
돌과 돌 사이에도
탑을 쌓는 순서와 질서가 있듯

사람의 세상에도

이와 다르지 않을 거라고
단단한 돌 하나 얹고 내려온다

정자 엄마의 사냥

정자네 엄마가 사냥을 나간다
맨손에 바구니, 호미 하나 달랑 들고서
돌 문어 사냥을 나간다
허리춤엔 단단히 동여맨 신발 한 켤레와
날이 선 각오가 앞장서서 걷는다
드디어 도착한 큰 바위 밑 돌문어 집
힐끗, 바위의 눈치를 본다
손을 바위에 집어넣어 문어와 사투를 벌일 시간
모든 신경을 곤두세워 동태를 살핀다
손가락 레이더망에 포착되는 순간, 잽싸게 낚아채야 한다
노련한 항해사가 조류를 해석하듯
바위 밑 동태를 제대로 살피지 못하면
해적처럼 변덕스런 문어에게 지게 된다
정자 엄마는 손을 좌로 30 우로 90도 꺾는다
드디어 어른 팔뚝만 한 문어, 손아귀에서 바둥댄다
밀물, 급하게 수문을 닫자
고요해진 바다 위로 갈매기 난다

꽃들의 향방

그녀의 향방은 가늠키 어려웠다
언제 어디로 팔려 갈지
어느 손에 이끌려 갈지 알 수 없었다
아무리 아름다워도
하루치 그 이상도 그 이하도 아니었다
때때로 손님의 구미에 맞도록
먼 데로부터 공수해 오기도 했다
별처럼 헤아릴 수 없는 그녀의 언어는
밤새 시들지 않고 빛나고 있었지만
금세 또 지고 마는 공허한 속삭임이었다
그녀의 보랏빛 꿈은 이미 은하수에 보관되었으므로
다시 꺼내오기엔 역부족이었다
오늘밤에도 그녀들은
바람의 소식에 귀를 귀울인다

시산도(詩山島)*

사람들아 시산도에 가보라
시가 산처럼 쌓인 이 섬에 들면
모두가 시인이 되어
대어를 낚을 수 있는 곳

사는 게 막막해 생을 내려놓고 싶거든
시산도에 가서
슬레이트 지붕을 공책 삼아 쓴 시
히, 웃자 웃자*를 보고 힘을 얻자

풍광을 자랑하는 시산도의 여덟 개의 보물들도
오랜 세월 풍파에 씻기고 깎여
빚어낸 산물이거니

오늘 사는 게 힘들지라도
살푸섬 방파제에 다시 태양이 떠오르듯
히, 웃자가 나의 현실이 될지도 모를 일

사람들아 시산도에 가서
해상을 뚫고 떠오르는 태양을
그물코에 가득 주워오자

---

*전남 고흥군 도양읍에 있는 섬으로 여덟 가지 천혜의 보물이 있고, 김 생산을 주업으로 하며, 애국가 첫 소절 풍광에 들어갈 만큼 해돋이 명소로 유명하다.
**시산도 출신인 김용현 씨가 젊은 시절 지붕 위에 쓴 짧은 글.

고흥 유자차를 마시며

가을이면,
고향 마을의 담장 위가
노란 물결로 이어지던 때가 있었다

집집마다 유자 향기가 담을 넘어가면
'그 집은 좋겠네. 큰아들 대학 학자금이 저리 성글게 열렸으니……'
'저 집은 좋겠네. 큰딸 혼수비가 마련됐으니……'
오고 가는 덕담도 덩달아 노오랗게 익어갔다

유자나무 한 그루면
아들 대학교 학력이 기록되고, 딸이 호적에서 빠져나갔다

유자차 한 잔 앞에 두고 고향을 떠올리니
노오란 유자가 먼저 데구르르 굴러오고
내 유년을 키운 유자 향이 코끝에 스며온다

푸른 유자 이파리 사이로

젊은 어머니가 걸어 나오신다
뒤이어 스물이 갓 넘은 앳된 언니가
총총 걸어 나온다

나는 지금 막 도착했다

둘째 고모

어느 해던가
느닷없이 찾아온 둘째 고모
마당에서부터 날 붙잡고
내 거무야, 내 거무야 하시며
초상난 것처럼 서럽게 우셨다

대섬이란 섬으로 시집가서 이혼한 후로
소거문도로 다시 시집간 고모

내 기억 속 고모는
우리 집에 찾아와
두 번을 그리 크게 우셨다

예부터 초상나서 슬피 울면
자기 설움에 겨워 운다는 말이 있듯이
자기 설움에 겨운 고모는
어린 나를 피붙이라고 부둥켜안고
그리 섧게 우셨을까

결혼 후 다시 뵌 고모는
예순을 훨씬 넘긴 나이였다
부산에 아들과 함께 둥지 튼 고모는
이제 나를 보고
내 거무야, 내 거무야 하고 울지 않으셨다

고흥 사람

서울 강남 센트럴시티 고속터미널
서울-녹동행 버스를 탄다

귀에 익은 낯설지 않는 전라도 사투리
내가 앉은 자리가 고흥이다

눈을 감고 들어보면 더 정겹다
가물가물 잊혀간 저 소리여

비켜주지 않으면 절대로
고흥을 오가지 못하는 벌교를 지나면
이제 곧 고흥이라는 이정표

고향 산천과
오마리 바다가 잰걸음으로 달음질쳐 온다

독도에서 듣다

나는 안다 독도의 마음을
나는 듣는다 독도의 음성을

태초에 하늘과 땅이 있었다면
독도는 예전이나 지금이나
오직 이곳 동해 거칠고 너른 바다에서
대한민국의 숨결을 이어가고 있었다는 것을

몰라주어도 좋았다
관심 가져주지 않아도 괜찮았다
한번 피붙이는 영원한 피붙이이므로
간간이 들려오는 아리랑 노래가 그리웠고
썰물에 실려 오는 뭍의 소식이 궁금했다

오직 그뿐이었다
단지 그것이면 족했다

보리밭

황금물결 일렁이는 보리밭 사이로
그 사람 앞서 걷고 있었네

바람이 불 때마다
마른 짚 냄새 짙어지는
보리들의 어깨춤과 두 사람의 발소리뿐
인적이라곤 없었네

햇빛 속에서 아지랑이인 듯
나비인 듯
그 사람, 실루엣만 남기고
내 앞에서 멀어져 가고 있었네

소리쳐 불러 세우고 싶었지만
입 안에서 맴도는 내 목소리만 남기고
가물거리며 사라지는 모습
못 박힌 듯 바라보고만 있었네

한 줄기 봄비인 듯, 봄바람인 듯
사라져 간 그 사람
세월 가도 잊히질 않네

10월, 어느 날에

낙엽이 한 잎 두 잎
거리에 구르니
10월에 든 우리들의 마음을
쓸쓸하다고 할까 고독하다고 칭할까

가을 하늘은
높고 드높은데

이즈음의 우리들의 마음
시리다고 할까
낙엽 지듯 스산하다고 할까

마땅한 말을 찾고자 궁리를 해봐도
그것을 호명할 수 있는 적당한 말이 없어
가— 을— 하고 천천히 발음해 보니
쏙 들어와 안기는 명제

바람 불어 옷깃 여민

10월, 어느 날
궁색한 언어의 씨앗들이 처처에 드러눕는다

고흥

오십에 들어 고향에 드니
나고 자란 집은 간 곳 없고
눈 가는 데로 돌아보니 곳곳이 폐가라

고향에 들어 잠시 나를 놓고 싶은데
받아줄 곳 아무 데도 없네

골목골목 발목에 감기던 풀 향기
이웃했던 희자 언니네 돌담 안으로
능구렁이 꿈실꿈실 기어 들어가던 그때

잠잠하던 기억들이 실꾸리 풀리듯
고물고물 속수무책 풀려 나오는데

그래도 그렇지
반기는 것 하나쯤은 있어야 고향이지
"아따! 이 썩을 잡것, 뭐 땀시 왔당가."
하며 반기는

남도의 질펀한 욕지거리라도 한바탕 듣고 싶은 날

어쩌끄나
한낮을 지나 어둑어둑
땅거미는 지는데

버들강아지

봄비 속,
얼굴 내민 버들강아지
머리 하얗다

목 넘어 밭
봄비 속에도 아랑곳하지 않고
밭일 하시던 어머니

머릿수건 쓰지 않아
봄비에 촉촉이 젖던 흰머리

비 오는 봄날
날 보고 웃으시던
보리밭 어머니처럼

버들강아지
날 보고 환하게 웃고 있다

제4부

화살

열두 줄 가야금으로
심금을 튕긴 당대의 가인이나

두 줄 시로
심금을 울린 시인 모두

세상과는 빗나간 화살이다

고(故) 이기형 시인을 추모하며

당신은
딱 한번 이승에서 얼굴 뵌 분,
다문화가족 시낭송을 마친 후 단체사진 찍고
식사 자리에서 한 식탁에 앉아 마주 보며
술 한 잔 함께 마신 사이

전해 듣기론
젊어서는 종군기자로
그 이후엔 평생을 통일시를 쓰다 가신 분이라는 것

당신이 제일 좋아하는 글귀가 무엇이며
당신이 선택하는 18번 노래는 무엇이며
당신이 눈감기 전까지 무엇을 그리워했는지
저는 도통 모릅니다

제가 아는 거라고는
백발에 흰 눈썹을 가지시고
식사 자리에서

생전에 저와 술 한 잔 나누었다는 사실입니다

짐작할 수 있는 것은
평생을 통일시를 쓰고 또 썼어도
통일의 그날을 보지 못하고 떠난 당신
마지막 눈감을 때도
북녘을 바라보셨을 거라는 믿음입니다

어느 날엔가 이 땅에
거짓말처럼 통일이 찾아온다면
가장 먼저 기뻐하며
그 빛 한가운데로 걸어 들어가
깃발 펄럭일 당신

그 빛 한 줌을 위해
평생을 그 중심에 서서 시를 쓰다 가신 넋 위에
심지 돋운 불빛을 밝힙니다

어머니의 봄

봄 캐러 가시네
마실도 가지 않고 봄 캐러 가시네

봄 마중 간다고 이웃들 부산해도
아랑곳하지 않고 들로 바다로 봄 캐러 가시네

바구니 가득 봄이 차오르면
그제야 허리 펴고 웃으시네

자식들 입이 즐거우면
어머니 마음은 그제야 봄

어머니에게 봄은
언제나 자식들이었네

누름돌

어머니는 마음속에
누름돌 하나 간직하고 사셨다

숨을 죽여 맛을 내는 누름돌처럼
북받치는 감정의 옹이가 올라올 때면
지그시 눌러 잠재웠다

모난 삶이 둥글어지기까지
세파에 치이고 깎이며
반들반들해진 어머니의 시간

누름돌이 무거울수록
깊은 맛이 들어가는 김치처럼
한평생 숨죽여 곰삭아진 어머니의 삶은
자식들에게 준 보시(布施)였다

내 마음에도 어느새
작은 누름돌 하나 커가고 있다

엄마 바지

시장에서 '엄마 바지'라고
써 붙인 문구가 눈에 띄었다

알록달록한 치마바지를 뒤적이며
딸은 엄마에게 고르기를 권유한다

"엄마, 두 개 사드릴 테니 고르세요. 입고 있는 바지 이젠 그만 입고."
"이것도 괜찮은데……"

엄마는 딸의 손에 이끌려
바지를 뒤적인다

시장 안엔
추석 차례상에 놓일 온갖 음식이 즐비한데
나는 엄마 바지 앞에서 서성인다

그 순간만큼은

이 세상 누구보다도 부러운 모녀를 바라보며
오래도록 서성이었다

목욕재계

구십 넘은 어머니가
아버지 기일이라고 목욕재계 하신다
평소 당신 죽으면 절대 함께 묻지 말라는 말씀을
밥 먹듯 하시던 어머니
기일이 되고 보니 그리워진 걸까
아버지가 싫다 싫다 하실 땐 언제고
목욕재계 하시냐는 딸의 물음에
아버지 만나면 이쁨 받으려고 그란다 하시며
수줍게 웃으시는 어머니
홀로 되신 지 47년
살다 보니 미운 정도 고운 정으로 바뀌었을까
구십이 넘은 어머니
온몸을 구석구석 정성껏 씻으신다

텃밭

텃밭은 내 식단이다

때론 과일을
때론 푸성귀를
아낌없이 푸짐하게 차려준다

날마다 내 식단을 둘러보며
자식 같은 그들에게서
생(生)을 배운다

텃밭은
내 삶의 원동력이다

고강동 이야기

고강동에 산 지 삼십여 년
잠깐 머무르다 간 사람들과는
비대칭을 이룬다

재건축을 꿈꾸던 동네는
건축업자와 중개업자가 머리를 맞대자
천경아파트가 삽시간에 허물어져 내리고
주민들은 오랜 추억을 달에 안기고
썰물 나가듯 마을을 빠져나갔다

단독은 빌라가 되고
빌라는 알파벳을 머리에 두르자
여기가 어딘지를 몰라
새들은 갸우뚱거리며 돌아다녔다

초등학교 교실은 비어가고
갓난아기 울음이 들리지 않는 대신
유모차에 실린 강아지의 행렬이 이어질 때면

공원의 참새들은 혀를 차며
입을 모아 입방아를 찧었다

떠날 자들은 떠나가도 나는 이곳에 남아
구름 속에 비친 햇살 사이로
무지개를 쏘아 올리겠다

고리울 고강동

태고에 하늘과 땅이 열릴 때
이곳 부천의 고리울엔 선사시대가 시작되었다

땅을 파 움집을 짓고, 사냥을 하며
부족마을을 이루었던
옛 우리 마을의 선조들

세월의 편주를 타고 후예들이
뿌리내려 여기 살아왔으니
선사시대의 터전, 그 이름이 바로
고리울 고강동의 현주소다

동으론 서울, 서로는 김포 벌
남으론 시흥, 북으로는 김포공항과 고양
계란 노른자위처럼 중심부에 있으니
홍수가 져도 끄떡없고
태풍이 불어도 끄떡없다

인심 또한 훈훈해서 이웃하고 사는 주민
들어올 땐 미련 없다가도
살다 보면 쉬 떠나지 못하는 마을

세세토록 아끼고 사랑해야 할
우리의 보금자리, 고리울 고강동

우리 동네
—고강동

고강초등학교 수업시간
비행기가 학교 위로 지나간다

선생님이 숙제를 낸다
"여러분! 내일 숙제는 위인전 이순신을 읽고……"

다음날 수업시간,
화가 난 선생님은 매를 든다

손을 내민 아이들 중
한 아이가 억울하다는 듯
"선생님! 비행기 소리 땜에 못 들었어요."

그때 비행기 소리가 들렸다
매를 들려던 선생님
아차!

9월

살랑살랑 살랑
"거 누구요?"
어느새
마을 길 점령해버린 코스모스

찌륵찌륵 찌르륵
"거 누구요?"
어느새
수숫대 키만큼 높아져 버린 하늘

저벅저벅 저벅
"거 누구요?"
어느새
마당 안으로 와버린 가을

코스모스

산골 이장 집 막내딸

분홍색 원피스에

높은 하이힐 신고

후리후리한 큰 키에

낭창낭창한 허리 간들대며

이른 아침 댓바람부터

마을 길섶에서

버스 기다리고 서 있다

가을

오셨다는 소식은 들었어요
그런데 저는 바빠 살다 보니 소문으로만 들었을 뿐
아직 당신을 못 뵈었군요
당신만 나타나면 도처에서 연일 들려오는 자살과 방화
웃지 못할 사건들이 늘어나네요
당신이 올 때쯤엔 왜 사람들이 이상기류를 느낄까요
오히려 내가 온전하게 살아가고 있음이 왜 이상하게 생각될까요
여전히 당신이 온다고 좋아하는 사람들은 많지만
우리 앞에 고독과 절망이 놓여 있어요
당신이 들판의 풍요를 안고 오듯
우리 마음에도 환한 빛이 들면 좋겠어요

동백꽃

불을 켭니다
당신께 향한 그리움 모아

불을 켭니다
기다림의 심지 키 높이로 켜
몇날 며칠이고 타오르럽니다

설령,
땅에 떨어져 뒹군다 해도
후회하지 않겠습니다

해설

꽃과 바다와 사회·정치적 상상력

공광규(시인)

1.

지난 2011년 시집 『그 여자의 바다』를 내고 11년 만에 두 번째 시집 『내 마음의 실루엣』을 내는 김명숙은 문단에서 보기 드문 재능의 소유자다. 제1회 한국아동문학회 신인상을 수상해 동시를 써온 그는 초등학교 음악 교과서 「새싹」의 저자이며, 한국동요음악대상을 수상하기도 했다. 놀라운 것은 가곡 46곡, 동요 80곡을 발표했으며, 4·19혁명 기념식 행사곡 「그날」의 작사자이자 현충일 추념식 추모곡 「영웅의 노래」를 작시한 시인이라는 것이다.

시인은 「녹색 물감을 입히다」에서 "새들의 화음이 통통 현을 켠다"는 발랄한 표현을 보여준다. 김명숙이 표적으로 삼는 주요 제재 범주를 유형화하여 요약하면 꽃과 바다와 사회·정치적 상상력이라 할 수 있다. 「시인의 말」 첫 문장에서 "꽃은 피고 진다."며 인생을 포함한 모든 만물의 원리를 압축하여 제시한다. 또한 "봄날의 청보리밭은 여학교 교실 안이다"(「청보리밭」)라며 푸르고 싱싱한 식물성 묘사를 한다.

「나는, 고흥인이다」라는 시와 다른 시편들의 문장에 나타난 정보를 구성해보면 시인의 고향은 전라남도 고흥 오마리 바닷가가 확실하다. 고향에서 유년기와 청소년기를 보낸 시인은 고향의 서경과 어머니와 바다를 제재로 한 시들을 상당수 보여준다. 더불어 1980년 광주민중항쟁과 통일, 세월호 참사, 시인의 거주지를 중심으로 한 도시와 사회문제, 그리고 정치적 상상력을 시로 구성하고 있다.

2.

사람마다 가치의 선호가 있다. 모든 사물과 사건은 가치에 의해 선택된다. 시인 역시 시적 대상인 사물이나 사건을 자신의 가치로 선택한다. 김명숙은 꽃을 선호하고 선택한다. 시집에서 꽃이 중심 제재로 등장하거나 주변 제재로 언급되는 시가 상당수 있다. 특히 "비가 다녀간 오후/소란에 눈 뜨니/연못 곳곳에 내 사랑이 꽃피고 있었다/나의 노래가 연못 밖으로 번져가고 있었다"(「연의 노래」)라는 구절은 이 시집에서 가장 빛

나는 문장 가운데 하나일 것이다. 김명숙은 자아의 절정을 꽃으로 표징한다. 문장의 압축과 아름다운 상상, 자아를 확장하는 방식이 독자를 시원하고 유쾌하게 한다. 아래 시는 필자가 시집 속에서 만난 가장 아름다운 시편 가운데 하나다.

>보름날 저녁 달빛이
>페가수스 별자리를 데리고 내려앉은 마당
>가을이 깊어 가는지 풀벌레 소리 가득합니다
>풀벌레들은 달빛이 버무린 별들의 말을 읽어줍니다
>말갛게 피어나는 달맞이꽃을 읽어줍니다
>마치 크리스털 연주음 같습니다
>그리움을 노래하는 게
>어디 하룻밤만의 일이겠습니까
>풀벌레의 이야기가 두런거리는 마당에 서니
>어머니 생각 더욱 깊어집니다
>그 뙤약볕 그리움은 몇 날 며칠을 소리 내어 읽어도
>다 못 읽을 대하소설입니다
>책장 넘기듯 한 시각 한 시각 넘기며 뒤척이다
>가슴으로 부르는 저들의 노래를 덮고 잠이 듭니다
>　　　　　　　　　　　—「풀벌레 소리」 전문

보름달과 달빛, 별자리, 풀벌레 소리, 달맞이꽃이 있는 서경과 어머니를 그리워하는 동화적 서사가 빛나는 시다. 풀벌레들이 "달빛이 버무린 별들의 말을 읽어"주는 이 아름다운 농경적 달밤과 어머니를 생각하느라 시간을 책장 넘기듯 보내다 마침내 풀벌레 소리를 덮고 잠에 드는 심상이 빛나는 서정의 백미라 할 수 있다. 「풀벌레 소리」에 달맞이꽃이 있다면, "푸르고 깊고 청량한 소리가 귓전에 들"(「갯메꽃」)리는 바닷가에는 분홍 나팔귀 모양의 갯메꽃이 있다. "한갓진 길섶에 모둠발로 서 있"(「억새」)는 억새꽃도 있다. 「꽃살문」에는 내소사 "꽃살문이 된 연꽃"이 있고, 「이상 시인의 집에서」는 "나팔꽃 줄기처럼 감고 올라가는/하늘과 지상의 이야기"가 있다. 달맞이꽃과 갯메꽃과 억새꽃은 지상에 실재하는 식물체이며, 연꽃은 연꽃의 외형을 조각한 인공물, 나팔꽃은 언어로 구성한 감각되지 않는 사유의 형상물로서 기호이다. 「꽃의 기도」에서 꽃은 상징이다.

온통 분홍이다

봄의 바다에
고기들이 노닌다

한 마리,
두 마리,

떼 지어 펄떡 펄떡 산을 오른다

겨드랑이에
지느러미가 쑥쑥 돋은 사람들
분홍 물살 가르며 쉼 없이 오른다

봄나들이 나온 물고기들의 수다가
파고(波高)로 드높다 꽃 속에 묻힌다

정상에 서서 그물을 던지면
필시 만선이겠다
─「봄의 바다─원미산 진달래」 전문

 진달래가 핀 원미산은 분홍색의 봄 바다로, 산을 오르는 사람들은 물고기로 비유된다. 산길은 물살이 갈라진 곳이며 말소리는 파고로 비유된다. 화자는 이런 원미산 정상에 서서 그물을 던지면 만선이겠다는 상상을 한다. 참으로 광대한 상상력이 아닐 수 없다.

 산골 이장 집 막내딸

 분홍색 원피스에

높은 하이힐 신고

후리후리한 큰 키에

낭창낭창한 허리 간들대며

이른 아침 댓바람부터

마을 길섶에서

버스 기다리고 서 있다
—「코스모스」 전문

 김명숙의 이번 시집에 코스모스가 출연하는 시가 서너 편 된다. 「9월」의 코스모스는 가을에 "마을 길 점령해버린" 계절의 꽃이다. 「코스모스 길」은 연인들이 걷는 코스로서의 물리적 공간으로서 길이며, 연인들과 함께 기쁘게 흔들리는 꽃이다. 인용한 「코스모스」에서의 이장 집 막내딸은 실존 인물이기도, 실제가 아닐 수도 있는 이야기이다. 코스모스를 인물로 비유한 인유이기도 한 것이다.

3.

텃밭은 내 식단이다

때론 과일을
때론 푸성귀를
아낌없이 푸짐하게 차려준다

날마다 내 식단을 둘러보며
자식 같은 그들에게서
생(生)을 배운다

텃밭은
내 삶의 원동력이다

―「텃밭」 전문

시인은 "텃밭은/내 삶의 원동력이다"라고 푸른 심상으로 단언한다. 그만큼 김명숙의 시에는 자연친화적 정서가 가득하다. 그의 시문에 나타나는 자연친화적 정서는 생래적인데, 고향을 시골로 두고 있기 때문일 것이다. 특히 「고흥 유자차를 마시며」에서 "가을이면,/고향 마을의 담장 위가/노란 물결로 이어지던 때가 있었다"고 한다. 고향에서 유년기와 청소년기를 보내고 대처로 떠나 장년이 되어 고향을 찾아가고, 추억하는 모습이 여러 곳에 드러난다. 그 외에도 여러 시편 속에 고향과 바다, 어머니 등 인물들이 등장한다. 특히 그의 시에는 반농반어를 하는 고향에서 어머니와 정서를 공유한 경험이 많이 보인다. 「어머니의 봄」에서 화자의 어머니는 봄이 오면 이웃들과 봄 구경도 "마실도 가지 않고 봄 캐러" 들로 바다로 간다. 자식들 입을 즐겁게 해주기 위해서다. 자식들 입이 즐거워야 어머니 마음이 봄인 것이다. 그러니 "어머니에게 봄은/언제나 자식들이었"다고 한다. 어머니는 바구니에 봄이 가득 차오르면 허리를 펴고 웃는다. 이런 서사는 아래에 인용하는 시의 풍경과도 연결된다.

봄비 속,
얼굴 내민 버들강아지
머리 하얗다

목 넘어 밭
봄비 속에도 아랑곳하지 않고
밭일 하시던 어머니

머릿수건 쓰지 않아

봄비에 촉촉이 젖던 흰머리

비 오는 봄날
날 보고 웃으시던
보리밭 어머니처럼

버들강아지
날 보고 환하게 웃고 있다
―「버들강아지」 전문

 인용한 시는 봄비를 중심으로 버들강아지와 어머니를 교차 묘사하고 있다. 시인은 봄비를 맞고 있는 버들강아지 흰 꽃과 봄비를 맞으며 밭일을 하고 있는 어머니의 흰 머리카락을 병치하여 진술한다. 시인의 인식 속에서 식물인 버들강아지와 인물인 어머니는 봄비를 같이 맞고 있는 흰색을 공통분모로 하는 동류다. 어머니와 버들강아지가 다르지 않다는 시인의 만물동근 의식과 사유가 자연스럽게 발현되는 사례다. 화자와 어머니, 화자와 버들강아지는 등가로 소통하는 존재다.
 화자의 어머니는 "숨을 죽여 맛을 내는 누름돌"(「누름돌」)을 마음에 간직하고 사신 분이다. 어머니의 이런 삶은 "자식들에게 준 보시(布施)였"으며, 화자 자신의 "내 마음에도 어느새/ 작은 누름돌 하나 커가고 있다"며, 어머니와 동류의식을 갖는다. 「목욕재계」에서는 "평소에 당신 죽으면 절대 함께 묻지 말라는 말씀을/밥 먹듯 하시던" 구십이 넘은 어머니가 아버지 기일이 되고 보니 "아버지 만나면 이쁨을 받으려고" 목욕재계를 하는 반전도 보인다. 아래 시는 김명숙의 정교하고 치밀한 묘사력을 보여주는 좋은 사례다.

> 정자네 엄마가 사냥을 나간다
> 맨손에 바구니, 호미 하나 달랑 들고서
> 돌 문어 사냥을 나간다
> 허리춤엔 단단히 동여맨 신발 한 켤레와
> 날이 선 각오가 앞장서서 걷는다
> 드디어 도착한 큰 바위 밑 돌문어 집
> 힐끗, 바위의 눈치를 본다
> 손을 바위에 집어넣어 문어와 사투를 벌일 시간
> 모든 신경을 곤두세워 동태를 살핀다
> 손가락 레이더망에 포착되는 순간, 잽싸게 낚아채야 한
> 다
> 노련한 항해사가 조류를 해석하듯
> 바위 밑 동태를 제대로 살피지 못하면
> 해적처럼 변덕스런 문어에게 지게 된다
> 정자 엄마는 손을 좌로 30 우로 90도 꺾는다
> 드디어 어른 팔뚝만 한 문어, 손아귀에서 바둥댄다

밀물, 급하게 수문을 닫자

고요해진 바다 위로 갈매기 난다

　　　　　　　　　　—「정자 엄마의 사냥」 전문

　바닷가 어민이 돌문어를 잡는 노동 과정을 정자 어머니의 사건을 통해 보여주고 있다. 정자 어머니는 화자의 어머니이기도 하다. 이런 고향에 화자는 어느 날 오십에 들어 찾아간다. 그러나 고향이라고는 하지만 화자를 받아줄 곳이 없다. 이런 고향을 중심으로 주변에 해돋이로 유명한 '시산도'가 있고, 화자의 집에 찾아와 "두 번을 그리 크게" 울었던 고모가 시집갔던 '대섬'과 '소거문도'의 구슬픈 서사가 있다.

　「밤의 눈」은 주제가 확연하진 않지만 무언가 신중하고 엄중한 서사가 숨어 있다. 화자를 비롯한 복수의 인물이 파도 소리가 들리는 선창가에서 이심전심으로 "말없이 하나가 되"는 술자리 정경이 떠오른다. "하늘엔 별이 총총,/은하계의 은하란 모두 이곳에 모여 있는 것 같았다/하현달이 거금도를 넘어가기 전이었다"며 우주의 기운이 집중하여 내려다보고 있는 술자리의 '무음'은 무엇일까? 독자를 미궁 속으로 몰아넣는 알 수 없는 힘이 이 시에 있다.

　김명숙은 「독도의 품」, 「독도에 닿는 법」, 「독도에서 듣다」, 「오십 대」에서 독도와 울릉도를 언급한다. 고흥 출생 시인이 "나는 안다 독도의 마음을/나는 듣는다 독도의 음성을"(「독에서 듣다.)이라고 하니 의미가 크게 다가온다. 울릉도와 독도는 고흥과 뗄 수 없는 혈연의 섬이다. 역사적으로 배를 잘 다루는 고흥의 뱃사람들이 봄에 해류를 타고 울릉도와 독도에서 산물을 채취해 가을에 돌아왔다는 기록이 많다. 초기 울릉도와 독도의 개척 역사를 고흥 사람들이 쓴 것이다.

예부터 울릉도 거주자들 중에 고흥 출신들 분포가 가장 많았으며, 고흥 말로 붙인 지명과 섬 이름이 많고, 울릉도에서 목재를 실어와 지은 집들이 고흥에 있다는 것을 필자가 최근 『서사시 동해』를 쓰면서 듣고 발견하였다. 「오십 대」에서 화자는 "한 백년 살아봄 직할 예감으로/울릉도 넓은 품 안에서/저릿저릿한 초야의 밤을 보내다/해조곡을 들으며 아침을 맞이하고 싶다"는 고백을 한다. 화자의 절규 "울릉도와 한 몸 되리라"는 문장이 쉽게 다가오는 이유가 여기에 있다.

4.

김명숙은 「연의 노래」 첫 행에서 "내 우주는 작은 연못이었다"고 단언한다. 우주는 내적 세계의 폭이고 연못은 미를 생산하는 공간을 상징한다. 그의 시세계를 탑재한 제재는 꽃과 풀, 고향과 바다, 어머니 등 관계에 머무르지 않는다. 1980년 광주민중항쟁과 통일문제, 세월호 참사, 시인이 현재 정주하는 도시를 중심으로 발생하는 여러 가지 사회문제와 정치적 상상력까지 확장한다.

그가 정주하는 거주지에 대한 애정과 시사적인 상상력은 「고리울 고강동」, 「우리 동네」, 「고강동 이야기」 등에서 지역에 대한 관심과 환경 문제, 「그 바다 이야기」를 통한 국가적 참사, 「그해 5월, 나는 광주에 없었다」, 「다시, 5월」, 「안부」 등의 국가폭력, 「고(故) 이기형 시인을 추모하며」 등 민족 문제까지 확장된다. 자신의 정주지 생활 문제에서 국가, 국가에서 민족으로 상상의 폭을 넓힌다.

고강초등학교 수업시간
비행기가 학교 위로 지나간다

선생님이 숙제를 낸다
"여러분! 내일 숙제는 위인전 이순신을 읽고……"

다음날 수업시간,
화가 난 선생님은 매를 든다

손을 내민 아이들 중
한 아이가 억울하다는 듯
"선생님! 비행기 소리 땜에 못 들었어요."

그때 비행기 소리가 들렸다
매를 들려던 선생님
아차!

—「우리 동네—고강동」 전문

  위의 인용 시는 초등학교 사례를 극적으로 구성하여 항공기 소음 문제를 폭로하고 있다. 현재 화자가 오랫동안 거주하고 있는 곳은 선사시대부터 사람이 살아 "세세토록 아끼고 사랑해야 할/우리의 보금자리, 고리울 고강동"(「고리울 고강동」), 즉 부천시 고강동이다. 이 지역은 김포공항을 드나드는 항공기 소음등고선 안에 있는 소음 유발 지역으로 알려져 있다. 특히 항공기 소음은 항공기가 이착륙 할 때 많이 발생한다고 한다.

  소음 공해는 사람의 일상이나 동물의 성장을 방해한다. 시골에서 자란 필자도 어려서 갑자기 날아오는 전투기 소리에 사람과 짐승들이 놀라는 것을 여러 번 경험한 적이 있다. 이 시에서는 항공기 소음이 선생님과 학생 사이에 소통을 방해하고 있음을 '숙제 사건'을 통해 보여준다. 실제 의사소통을 방해하는 항공기 소음은 이렇게 교육에 영향을 줄 수밖에 없다. 항공기 소음의 원천은 공항이 주택단지와 가깝게 있기 때문이지만, 본질적으로는 도시계획을 잘못 했기 때문이다. 뿐만 아니라 매연과 먼지, 소음을 피하기 위해 창문 크기를 줄

이는 등 주택구조 왜곡과 외출 자제 등 이런저런 불편을 준다.

시인이 「고강동 이야기」에서 드러내듯, 화자는 항공기 소음 지역에 삼십여 년을 거주하고 있다. 그동안 마을을 빠져나가는 사람들과, 단독주택에서 빌라로 바뀌어 가는 도시의 건축양식 변화, 비어가는 초등학교 교실, "갓난아기 울음이 들리지 않는 대신/유모차에 실린 강아지의 행렬이 이어"지는 인구 구성 변화를 목격하고 있다. 시인은 화자의 입을 빌려 "떠날 자들은 떠나가도 나는 이곳에 남아/구름 속에 비친 햇살 사이로/무지개를 쏘아 올리겠다"고 결심한다. 또한 표제시 「내 마음의 실루엣」에서는 "소리로 가득한 거리"를 걸어가는 자아의 모습을 그리고 있다.

>세상은 별일 없다는 듯 흘러가는데
>홀로 고독한 나는
>그들이 닿지 못할 손길 밖에서
>소리의 걸음만 천천히 따라가고 있어
>
>누구 하나 손 잡아주지 않는 거리를
>비에 젖으며, 허방 짚어가며 걸을 때
>사람들은 총총히 네온 불빛 비추는 건물 사이로
>빨려들어 가듯 사라져 가고

> 느린 걸음의 실루엣 하나,
> 절뚝이며 빗속으로 사라져 가고 있어
> ―「내 마음의 실루엣―지팡이」부분

　이렇듯 도시 삶에서 홀로인 고독한 자아는 사람들의 손길 밖에 있어, 아무도 잡아주는 사람이 없다. 두더지게임처럼 알 수 없는 곳에서 튀어나오는 사건을 해결해야 하고, 거친 합주곡처럼 불협화음이 흘러나오고, 파열음이 뒤섞이는 곳이 도시다. 도시의 고독한 불구의 자아는 비에 젖고, 허방을 짚으며, 절뚝이며 사라지는 존재가 될 수밖에 없다.

> 봄꽃들이 꽃망울을 터트렸습니다
> 푸른 심지 다시 돋았습니다
> 따사롭게 건넬 안부의 눈빛은 건네지 않겠습니다
> 안부를 묻기에는 깊숙이 박혀 있는 상처가
> 다시 짐승처럼 고개를 쳐들까봐 두려워
> 묘역 앞에 엎드려 우는 대신 차갑게 웃겠습니다
> 안온함을 뒤흔들었던 1980년 5월의 금남로
> 그날의 포성 소리, 외침 소리
> 다시 들리는 듯해서
> 머리털이 쭈볏 서고 주먹 불끈 쥐어집니다

> 기다리지 않아도 봄 오듯이
> 그날, 그 자리의 당신들을 기억하겠습니다
> 안녕이란 말 대신
> 푸른 혈관 소문처럼 다시 흐르게 하겠습니다
> 지금은 따뜻한 이름들
> 마음속에 묻고
> 진달래 개화처럼 번질 민주화의 고지를 향해
> 앞장서 달려 나가 깃발을 꽂겠습니다
>
> ―「안부」 전문

　인용 시는 1980년 광주민중항쟁이 한참 지난 후에 화자가 5·18민주묘지에서 과거를 회감하고 다짐하는 형식의 시다. 화자는 고인이 된 당시 사람들에게 안부를 묻기보다, 감성적으로 울기보다 당시의 사건을 차갑게 직시하겠다고 한다. 과거의 포성 소리와 외침 소리가 다시 들리는 듯해서 주먹이 불끈 쥐어진다고 한다. 당시 사건의 현장에 있었던 묘역의 주인공들을 기억하고 이름들을 마음속에 묻고 민주화의 고지를 향해 달려가 깃발을 꽂겠다고 천명한다.

　화자가 이런 결심을 보이는 이유는 무엇일까. 아마 「그해 5월, 나는 광주에 없었다」에서 보여주듯 5·18 당시 현장에 없었다는 부채감 때문일지도 모른다. 이것을 화자는 이렇게 고백한다. "나는 그해 5월, 광주에 없었다/학업을 위해 어린 나이에/산업체 부설학교가 있는 마산에 있었다"고 한다. 언론 통제 속에서 광주에서 어떤 일이 벌어졌는지 모르고 마산에 있는 기숙사에서 TV에 나오는 가요를 듣고 따라 부르며 밀린 숙제를 했다고 한다. 그러면서 「다시, 5월」에서는 광주의 5월이 반복되지 않도록 "우린 깨어 있어야 한다"고 선무한다.

시인은 「그 바다 이야기」를 통해 국가적 재난이었던 세월호 참사를 복기하며 "힘들고 괴로워도 우린 기억해야 돼"라며 불특정 독자에게 참사의 기억을 잊지 말자고 권유한다. 「고(故) 이기형 시인을 추모하며」에서는 이승에서 딱 한번 시인을 만난 계기와 인상, 평생 통일시를 썼지만 통일을 보지 못하고 세상을 하직했다는 정보를 진술한다. 시의 주인공인 이기형은 시인이 다른 시 「화살」에서 진술한 바, "세상과는 빗나간 화살이다"는 명제와 다르지 않은 모습으로 살다 갔다.

5.

김명숙 시집 이곳저곳에서 발랄한 상상과 표현, 아름다운 문장이 발견된다. 그의 시를 주요 제재로 유형화해 요약하면 꽃과 바다와 사회·정치적 상상력임을 확인할 수 있다. 시인의 눈에 비친 꽃은 푸르고 성성한 식물을 배경으로 핀다. 꽃은 식물의 아름다움이자 절정이다. 어느 문장에서 꽃은 만물의 원리를 압축하여 제시한 관념의 아름다움이기도 하다. 그리고 자아의 절정을 꽃으로 표징하기도 한다.

또 시인은 꽃과 풀 등 자연친화적 정서를 통해 문장의 압축과 아름다운 상상, 자아를 확장한다. 김명숙의 시문에 나타나는 생래적인 자연친화적 정서는 반농반어를 하는 바닷가를 고향으로 두고 있기 때문인 것을 확인하였다. 유년과 청소년기를 고향에서 보낸 시인은 고향과 어머니와 바다를 제재로 한 시들을 상당수 보여준다. 뿐만 아니라 고향 인근의 가족의 서사가 담긴 섬과 제주도와 울릉도, 독도 등을 언급한다.

김명숙의 상상력은 일상의 자연과 인사에 머물지 않는다. 시사적이고 사회·정치적인 거대담론으로 상상력을 확대한다. 그는 시를 통해 다른 시집에서 보기 드문 1980년 광주민중항쟁과 통일문제, 세월호 참사, 시인의 거주지를 중심으로 한 도시공해 문제를 폭로한다. 시인의 시 구절에 있듯, 자신의 노래가 연못 밖으로 번져가듯, 그의 시집이 대중의 품, 독자의 가슴으로 번져가길 바란다.

문학의전당 시인선 358

내 마음의 실루엣

ⓒ 김명숙

초판 1쇄 인쇄　2022년 12월 16일
초판 1쇄 발행　2022년 12월 23일

　　지은이　김명숙
　　펴낸이　고영
　　디자인　헤이존
　　펴낸곳　문학의전당
　　출판등록　제448-251002012000043호
　　　주소　충북 단양군 적성면 도곡파랑로 178
　　　전화　043-421-1977
　　전자우편　sbpoem@naver.com

　　ISBN　979-11-5896-577-8　03810

＊이 책의 판권은 지은이와 문학의전당에 있습니다.
＊양측의 서면 동의 없는 무단 전재 및 복제를 금합니다.
＊잘못 만들어진 책은 바꿔드립니다.
＊이 시집은 2022년 부천시 문화예술발전기금의 일부 보조를 받아
　제작되었습니다.
＊이 시집은 한국예술인복지재단 2022년 〈창작준비금 지원사업
　창작디딤돌〉에 선정되어 제작되었습니다.